稀奇古怪

海洋

焦庆锋 主编

辽宁美术出版社

图书在版编目（CIP）数据

稀奇古怪 . 海洋 / 焦庆锋主编 . -- 沈阳 : 辽宁美
术出版社 , 2024.11

ISBN 978-7-5314-9342-6

Ⅰ . ①稀… Ⅱ . ①焦… Ⅲ . ①科学知识—儿童读物②
海洋—儿童读物 Ⅳ . ① Z228.1 ② P7–49

中国版本图书馆 CIP 数据核字 (2022) 第 233335 号

出 版 社：辽宁美术出版社
地　　 址：沈阳市和平区民族北街 29 号　　 邮编：110001
发 行 者：辽宁美术出版社
印 刷 者：河北松源印刷有限公司
开　　 本：889mm×1194mm　 1/20
印　　 张：6
字　　 数：100 千字
出版时间：2024 年 11 月第 1 版
印刷时间：2024 年 11 月第 1 次印刷
责任编辑：梁晓蛟
封面设计：宋双成
版式设计：邱　波
责任校对：郝　刚
书　　 号：ISBN 978-7-5314-9342-6
定　　 价：38.00 元

E–mail：lnmscbs@163.com

http：//www.lnmscbs.cn

图书如有印装质量问题请与出版部联系调换

出版部电话：024–23835227

本书图片来源于壹图网、高品图像

海洋之最

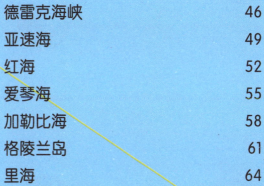

认识海洋

海洋生物

海洋趣话

目录 MULU

目录 MULU

认识海洋

海和洋

地球表面积的70.8%左右被海洋所覆盖。海洋对整个地球的生态系统稳定发挥着重要作用。面对浩瀚无边的海洋，人类从未停止探索。

🌍 海洋档案

主　　题	海和洋
涉及内容	海洋总面积、"海"与"洋"、海与洋的面积比重、海洋的分类、四大洋
四 大 洋	太平洋、大西洋、印度洋、北冰洋

海洋总面积

地球上海洋的面积约3.62亿平方千米，陆地面积约1.49亿平方千米。地球上海洋所占面积达70.8%。大面积的海洋让我们的地球在太空中看起来像是一个蔚蓝色的"水球"。

"海"与"洋"

"海洋"是地球上广大水域以及被陆地分割后广阔水体的总称。"海"指的是海洋的边缘部分，"洋"指的是海洋的中心部分。

海与洋的面积比重

地球上海洋总面积的89%左右都是"洋"，与"洋"相比，"海"的面积就小多了，占到海洋总面积的11%左右。

海洋的分类

根据海的位置，海洋可以分为内海、陆间海、边缘海。内海处于两部分大陆之间；陆间海深入大陆内部，被岛屿包围；边缘海是位于陆地和大洋边缘的海洋。

四大洋

地球上的四大洋分别是太平洋、大西洋、印度洋和北冰洋。地球上海洋总面积约为3.62亿平方千米，太平洋的面积约占50%，大西洋的面积约占25%，印度洋的面积约占21%，北冰洋的面积约占4%。

生命的发源地

生命的发源地是人类赖以生存的陆地,还是浩瀚无边的海洋呢?人类从来没有放弃过对生命起源的探索。海洋是孕育生命的起点,经过几十亿年的进化,地球上才有了如今丰富的物种。

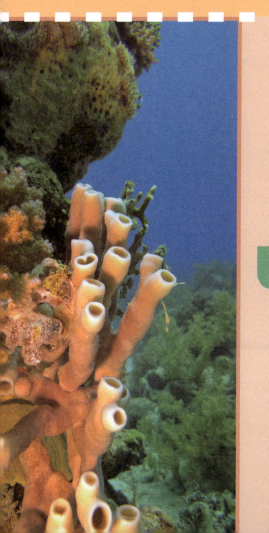

🌐 **海洋档案**

主 题	生命的发源地
涉及内容	早期生命、科学研究、人类起源、早期生物
生命物质	蓝藻、单细胞有机体

早期生命

根据有关DNA的研究表明,地球上最早的生命体是一种单细胞有机体,也可以称为极端微生物细菌。随后演变为蛋白质、核酸分子等物质,为最终生命的形成提供准备。

5

科学研究

科学家在深海火山口周围的热泉中发现了大量的微生物和多种无脊椎动物。在火山沉积岩中发现距今大约32亿年的大量丝状体，经过研究得出生命起源于海底热泉。

人类起源

科学家对人类起源进行了大量研究，在研究生命起源的过程中，发现人类胚胎在早期发育阶段是存在鳃裂的。通过这一发现，科学家推断出人类最早起源于海洋。

早期生物

　　最初时期生活在海洋中的生物都是用鳃呼吸，在离开水面后，它们的鳃逐渐退化。研究发现，地球上的脊椎动物有鱼类、两栖动物、爬行动物、鸟类和哺乳动物等五大类，这些脊椎动物在早期胚胎时期都出现过鳃裂。因此推断出海洋是一切生物的起源地。

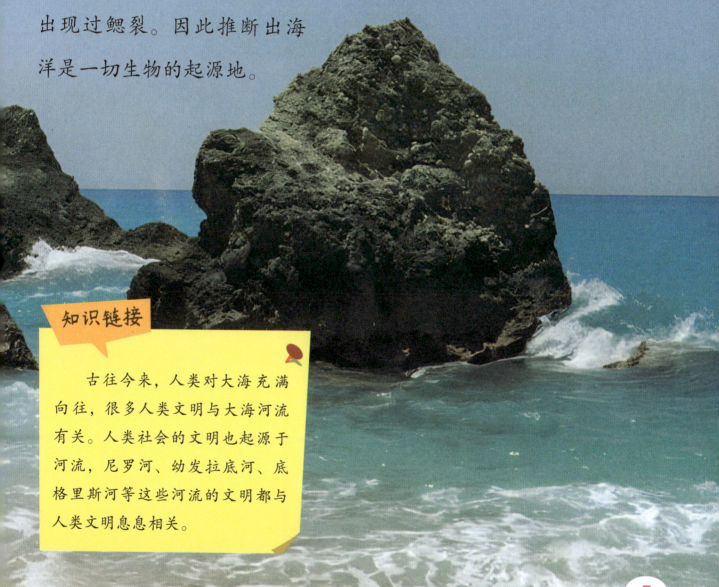

知识链接

　　古往今来，人类对大海充满向往，很多人类文明与大海河流有关。人类社会的文明也起源于河流，尼罗河、幼发拉底河、底格里斯河等这些河流的文明都与人类文明息息相关。

蓝色的大海

当我们去海边旅行的时候，一片蓝色的大海映入眼帘，但当我们把海水装在桶里，却会发现海水是没有颜色的。为什么大海看上去是蓝色的呢？

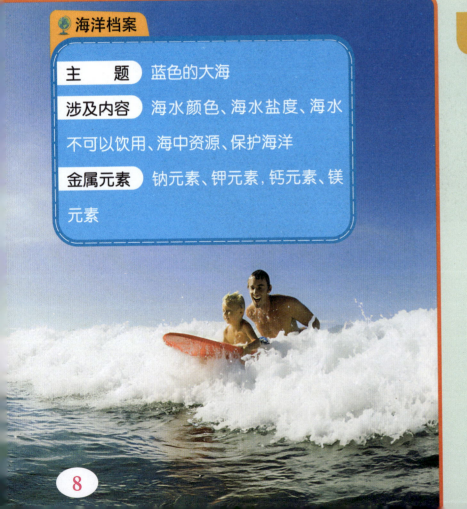

海洋档案

主　　题	蓝色的大海
涉及内容	海水颜色、海水盐度、海水不可以饮用、海中资源、保护海洋
金属元素	钠元素、钾元素，钙元素、镁元素

海水颜色

其实人们看到大海的颜色为蓝色，是因为太阳光的反射。太阳光有红、橙、黄、绿、蓝、靛、紫七种颜色，不同颜色的波长是不同的。当太阳光照射到大海后，部分颜色会被海水吸收，最后呈现为蓝色。

海水盐度

我们知道海水的味道是特别咸的。淡水湖湖水的颜色是非常浅的。据调查研究发现，海水的颜色和海水中盐分的浓度有关。颜色越深，盐度就越高。

海中资源

海水中有丰富的资源，其中微量元素就包含80多种。有钠元素、钾元素、钙元素、镁元素和锶元素等。此外，海洋中还包含很多其他微量元素。

海水不可以饮用

饮用海水后，海水中的微量元素是不是可以补充身体内的微量元素呢？答案是否定的。海水不可以饮用，饮用海水有脱水的风险。长期饮用海水会损害身体健康，过量饮用海水也有致死的风险。

保护海洋

　　海洋资源越来越多地被人类所开采，如海底的石油、矿物质等。资源开采为人类带来巨大经济效益的同时也使海洋受到污染，海洋的污染使得生存在海里的大量生物失去了生命，因此保护海洋迫在眉睫。

知识链接

　　世界上最大的淡水湖为苏必利尔湖，面积为 8.21 万平方千米，蓄水量约为 1.2 万立方千米。中国最大的淡水湖是位于江西省北部的鄱阳湖，最大面积可达 3283.4 平方千米。

海洋的种类

地球上大约70.8%的面积被海洋所覆盖。海洋为人类带来了无尽的资源,同时人类也对海洋进行了深入了解。人们根据海洋所在的位置对海洋进行了区分。

海洋档案

主　　题	海洋的种类
涉及内容	海洋分类、内海、陆间海、边缘海
类　　型	内流型陆间海、外流型陆间海

海洋分类

　　海洋总体上可以分为三种，分别是内海、陆间海和边缘海。不同位置的海洋也会给人类带来不同的海洋资源。人类的命运与海洋的存在息息相关。

内海

　　内海，通常深入大陆的内部，周围被大陆和岛屿包围，仅仅通过狭窄的海峡或水道与其他海域沟通。

陆间海

被陆地包围、处于几个大陆之间的海,称为陆间海,也称为地中海。地中海的周围是陆地,如果要与大洋相通,就只能通过海峡来连接。陆间海通常分为内流型陆间海和外流型陆间海两类。

边缘海

大陆和海洋交界的地方,也就是位于大陆边缘的海被称为边缘海。边缘海通常处在大陆和岛屿之间。这个地带的海水被岛屿分开,这些岛屿既是大陆的边缘,也是海洋的边缘。

海峡和海湾

海峡和海湾虽然没有海洋那般宽阔和壮观，但是海峡是连接海域和海域之间的交通要道。海峡虽然狭窄，但是对于一个国家来说也是非常重要的。

🌍 海洋档案

主　题	海峡和海湾
涉及内容	海峡、海湾、海峡和海湾的区别、世界上的海湾、世界上的海峡
著名海湾	孟加拉湾、墨西哥湾、哈得孙湾、几内亚湾

海峡

海峡又被称为海水走廊。海峡的地形非常特殊，一些海峡周围布满港口。港口的存在促进了一个国家的经济繁荣。从古至今，海峡都是众多国家非常看重和相互争夺之地。

海湾

海湾是三面被陆地环绕、一面是大海的特殊地形。海湾的形状通常为圆弧形或者U形，将海湾弯口的两个对应海角进行连线就是海湾最外部的边缘线。这条线也是区分海洋和海湾的一个界限。

海峡和海湾的区别

海峡是两个海域之间的交通通道，海湾是三面陆地、一面是海的海域。海峡是海上的交通要道及航海枢纽，因其狭窄的特点，通常水流较急；相比之下，海湾通常较为平静。

世界上的海湾

　　世界上分布着很多海湾。海湾的面积通常是比较大的，面积超过100万平方千米的海湾就有5个，其中包括印度洋东北部的孟加拉湾，北美洲东南部的墨西哥湾，加拿大东北部的哈得孙湾，非洲中部西岸的几内亚湾和北太平洋的阿拉斯加湾。

世界上的海峡

　　目前，世界上发现的海峡有1000多个，但是开通航道的仅有130多个。在这些开通航道的130多个海峡中就有40多个海峡每天过往的船只数量在1万艘以上。

海浪

海浪不仅是人们旅行途中的美丽风景，它对人类还有非常大的用途。人们可以将海浪产生的巨大动能转化成人类所需要的能源。

🌐 **海洋档案**

主　题	海浪
涉及内容	海浪的形成、海浪的分类、发脾气的海浪、海浪的应用、影响海浪大小的因素
海浪类型	风浪、涌浪、近岸浪

海浪的形成

　　平静的海面在海风的作用下产生海水波动。海水会在平衡点上下进行周期性的震动，连续起伏的水质点就会形成波浪，这种海上的一股股波浪就是海浪。

海浪的分类

　　海浪可以分成三类，分别是风浪、涌浪和近岸浪。风浪是海面上最常见的一种海浪，海浪可以达到30多米高。涌浪相对要温柔，海面会变得较为光滑和规则。近岸浪则是海水经过风浪以及涌浪之后到达岸边时候的浪花。

发脾气的海浪

　　人们描写海浪的时候，通常会描写出它们的顽皮和优美。海浪的形态是千变万化的：有时候海浪会像顽皮的小孩一样四处奔跑；有时候海浪也会含情脉脉般温柔；但有的时候海浪也是会发脾气的。

海浪的应用

18世纪，法国人利用机械发明出了波浪能装置。19世纪，法国人建立了一座发电站，使海浪为发电站提供能量进行发电。由此看来，海浪对人们来说是非常巨大的能源来源之一。

影响海浪大小的因素

从海洋的表面到海洋的内部都存在着海洋波动。大洋面宽广且风向稳定会有强的海浪；如果在无风带海域，海面宽广风向不定，海浪就会很小。

知识链接

位于英国苏格兰东北角的奥克尼群岛附近海域风急浪高，有着巨大能量的海浪经常出现。人类在这个地方建立了世界上独一无二的海浪发电实验场，至今已为当地人提供了20余年的能量。

潮和汐

人们把白天出现的海水涨落称为"潮",晚上出现的海水涨落称为"汐"。潮汐是海水周期性涨和落的一种自然现象。

🌏 海洋档案

主　题	潮和汐
涉及内容	认识潮汐、引起潮汐的动力、离心力、潮汐形成的原因、潮汐的利用
用　途	捕鱼、航运、产盐、发电

认识潮汐

古希腊时，人们猜想是海底岩穴的震动产生了潮汐。17世纪左右，英国著名物理学家牛顿研究得出，潮汐是月球和太阳对海水的吸引变化而产生的一种自然现象。

引起潮汐的动力

月球和太阳对地球上的物体都有一定的引力。地球在绕地月公共质心旋转的时候，也会产生一定的惯性离心力，这种引力和惯性离心力形成的合力就是引起潮汐的动力。

离心力

海水在旋转中会遇到离心力，这种原理和洗衣机甩干的原理相似。洗衣机转动的时候，衣服上的水会在离心力的作用下甩出去，从而达到脱水的效果。潮汐也是有一定规律的。

潮汐形成的原因

在地球自转的过程中，海水也在随着地球自转而进行旋转。地球的自转产生了一定的离心力，海水在旋转的过程中受到离心力的影响便会逐渐脱离原来的方向。

潮汐的利用

潮汐也可以被人类充分地利用起来。人们对潮汐的开发利用非常广泛，包括捕鱼、航海、运输以及产盐等多方面。潮汐还可以帮助人类进行海洋生物的养殖，另外也可以利用潮汐建立发电站。

海洋趣话

23

太平洋

地球上有四大洋，其中面积最大的就是太平洋，地球上所有的陆地面积加起来都没有太平洋的面积大，太平洋是地球上面积最大的海洋。

海洋档案

主 题	太平洋
涉及内容	太平洋地理位置、太平洋名字的由来、太平洋上的岛屿、复活节岛
三大群岛	美拉尼西亚、密克罗尼西亚、波利尼西亚

太平洋地理位置

太平洋位于亚洲、大洋洲、南美洲、南极洲和北美洲之间。太平洋面积可达17967.9万平方千米，平均深度为4000米左右。太平洋是世界上面积最大、海域最深的大洋。

太平洋名字的由来

1519年，航海家麦哲伦率领船队从大西洋向西航行，在经过38天的惊涛骇浪后，船队损失惨重。之后麦哲伦他们来到一片平静的海洋，历经诸多凶险才死里逃生的船员便把这片海洋称为"太平洋"。

太平洋上的岛屿

太平洋是世界上拥有岛屿最多的大洋。太平洋上的岛屿约有1万多个，岛屿的总面积约440万平方千米，占到世界上岛屿总面积的45%。因此太平洋也被人类称为"万岛世界"。

复活节岛

　　荷兰航海家于1722年4月5日复活节登陆此岛，这座岛屿也因此被命名为"复活节岛"。从地理位置来说，这座岛屿是世界上最偏僻的岛屿，也是世界上最与世隔绝的岛屿。

知识链接

　　复活节岛位于智利，巨大的人形石像遍布全岛，岛上有1000多尊石像。考古专家认为岛上至少存在三个文化时期。这些石像为复活节岛蒙上了一层神秘的色彩。

大西洋

大西洋是地球上第二大洋，占地球面积的25%。神秘的大西洋同样拥有非常多的传说和资源。

大西洋的地理位置

大西洋位于非洲与南北美洲之间，南接南极洲。大西洋的地形呈S形，正是这一特殊地形触发了德国气象学家的灵感，继而提出了著名的大陆漂移学说。

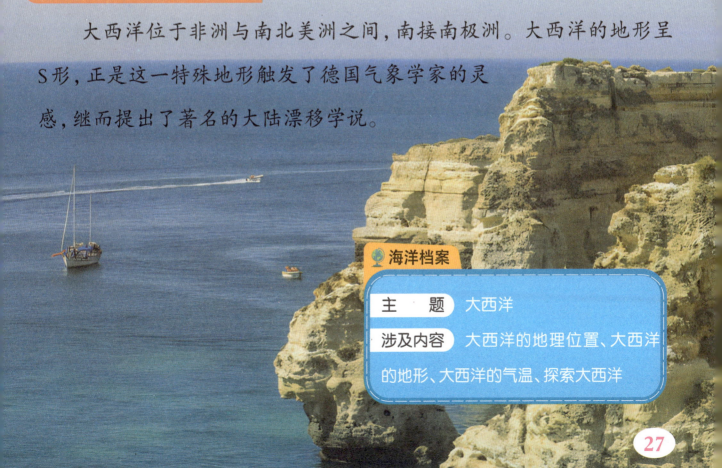

🌏 海洋档案

主　题	大西洋
涉及内容	大西洋的地理位置、大西洋的地形、大西洋的气温、探索大西洋

大西洋的地形

赤道把大西洋分成北大西洋和南大西洋，大西洋的洋面比较狭窄，呈S形。北大西洋海岸曲折，岛屿和属海比较多；南大西洋的海岸线相对来说比较直。

大西洋的气温

大西洋的气温与太平洋的气温相似，赤道地区的最高年平均气温在25℃左右。大西洋的气温，南北差异不大，东西有一定的差异，赤道地区相差不到1℃，与亚热带纬度区相差5℃。

探索大西洋

1968年，在巴哈马群岛附近的大西洋水下，人们发现了一些类似宫殿结构的建筑残骸。1974年，苏联考察船在大西洋拍摄到建筑遗址。1979年，科学家在百慕大三角区的海底发现了一座金字塔建筑。1985年，挪威人在百慕海区海底发现了古城。

印度洋

印度洋是地球上的第三大洋，印度洋的面积约占世界海洋总面积的21%，它的平均深度为3711米。

🌐 海洋档案

主　题	印度洋
涉及内容	印度洋名称由来、印度洋的气温、印度洋的丰富资源
资　源	海洋生物、石油、金刚石

印度洋名称由来

1世纪后期，罗马地理学家首次使用"印度洋"这个名称。10世纪，阿拉伯地理学家在编制世界地图时应用了"印度洋"一词。1497年，葡萄牙航海家为了寻找印度，出海来到这片大洋时，把沿途所经过的洋面统称为印度洋。

印度洋的气温

印度洋大部分海域位于热带和亚热带，因此印度洋的气温较高，赤道附近全年气温约为28℃。

印度洋的丰富资源

印度洋孕育了种类繁多的海洋生物,如海龟、海牛、海豹、海豚、鲸等。除了丰富的物种资源,印度洋还拥有特别多的矿产资源,包括石油、天然气、金刚石等。

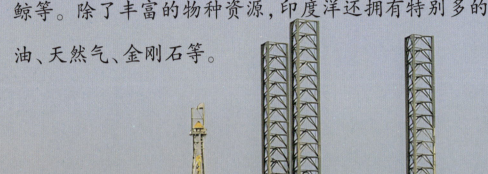

知识链接

印度洋以北的国家有印度、巴基斯坦、伊朗等;以南为南极洲;印度洋以东的国家有印度尼西亚、澳大利亚以及马来西亚等;以西为阿拉伯半岛和非洲等。

北冰洋

从北冰洋这个名字就可以看出这里的气候，寒冷的北冰洋是世界上最冷的地带，这里也有大自然中最奇特的自然风光。

海洋档案

主　　题	北冰洋
涉及内容	北冰洋概况、北冰洋的形成、北冰洋的地形、北冰洋的动物、面临危机
动　　物	北极熊、雪兔、北极狐等

北冰洋概况

北冰洋为地球上四大洋之一，是世界上最冷、最小、最浅的大洋。北冰洋的面积仅为1475万平方千米，甚至没有太平洋的10%大。北冰洋气候寒冷，洋面大部分常年冰冻。

北冰洋的形成

北冰洋的形成和北半球劳亚古陆的破裂解体有很大联系。以地球北极为中心，通过亚欧板块和北美板块进行扩张，最终产生北冰洋海盆；地球板块的运动使大西洋海水流进北极圈，最终形成北冰洋。

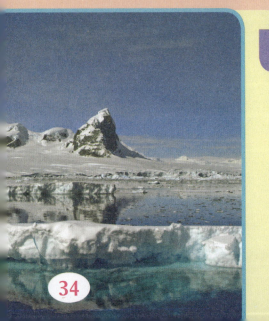

北冰洋的地形

北冰洋是世界四大洋中面积最小的一个大洋。它的海岸线最曲折，北冰洋的水平轮廓超过一半属于封闭性的地中海。北冰洋是世界上深度最浅但是大陆架面积最广的大洋，大陆架广阔是北冰洋突出的地貌特点。

北冰洋的动物

北冰洋是一个天寒地冻的世界。那里气候严寒，是非常不利于动植物生长的。与其他大洋相比，北冰洋生物的种类是比较少的，这里生活着北极熊、雪兔、北极狐等动物。

面临危机

随着全球气温升高，全球暖化使得北冰洋的冰逐渐融化，破坏了全球的温盐环流，使全球气候都受到严重影响。如果两极冰川融化，海面上升，将会淹没大片沿海地区。

知识链接

在北冰洋北极点附近，每年的10月到次年3月是无尽的黑夜。当黑夜来临时，高空中会有光彩夺目的极光出现，场面非常壮观美丽。

35

死海

从死海的名字就可以感受到它"恐怖"的气息。死海里没有生命体，在死海的沿岸草木很少。虽然死海缺少生机，但它却是非常受人们欢迎的旅游胜地。

🌏 海洋档案

主　题	死海
涉及内容	死海概况、死海形成原因、世界之最、死海中的含盐量、旅游胜地
别　称	"世界的肚脐"

死海概况

死海并不是海，它是一个内陆湖。死海中之所以没有生物，是因为湖里含盐量非常高，湖里的环境根本不适合生物生存。死海是世界上海拔最低的湖泊。

死海形成原因

死海位于两个平行地质断层崖的中间，它是一个内陆湖。死海的气候为高温少雨，湖水被高温蒸发，水分蒸发后就留下了盐分。就这样日积月累，死海里的盐分越来越高。

世界之最

死海是世界上最低的湖泊，死海的最深处为395米，死海的湖面比地中海海面低430.5米，它是地球表面上位置最低的地方，因此也有"世界的肚脐"之称。

死海中的含盐量

我们知道海水是咸的，但是与普通海水相比，死海的含盐量是普通海水的8.6倍。在这样的环境下，植物和动物都是不能存活的。

旅游胜地

无论怎么在死海里游，人总是会浮起来。当一只胳膊或腿伸入死海，另一只胳膊或腿就会浮起来；假如整个人跳进死海，没过多久就会以平躺的状态浮在水面上。

地中海

地中海是亚洲、欧洲和非洲之间的一片海域。在地中海有非常多的著名景点，包括爱琴海、科西嘉岛、撒丁岛等。

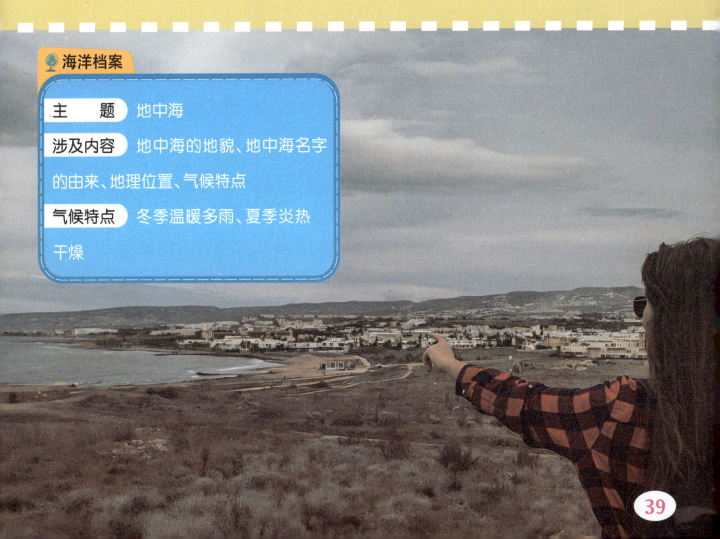

🌍 **海洋档案**

主　　题	地中海
涉及内容	地中海的地貌、地中海名字的由来、地理位置、气候特点
气候特点	冬季温暖多雨、夏季炎热干燥

地中海名字的由来

　　古时候，人们只知道这片海处于三个大洲之间，因此这片海被命名为"陆地中间之海"。7世纪时，西班牙作家第一次把"地中海"作为地理名称。

地理位置

　　地中海被欧洲、亚洲、非洲三个大洲所包围。北面是欧洲大陆，南面是非洲大陆，东面是亚洲大陆，西面经过直布罗陀海峡和大西洋相连。

地中海的地貌

　　几亿年前，大陆板块漂移后被挤压形成了地中海。地中海由于处于板块交界处，地震频发而形成了深浅不一的底部结构，此结构由石灰及泥沙构成。

　　地中海在冬季的时候会有非常充沛的降水,而且冬季气候温暖,即使在寒冬时候这里的气候也不会降到0℃。在夏季的时候,地中海干旱少雨,阳光非常充足。

知识链接

　　地中海的特殊地形使得西方列强对它的争夺从未停止过,大量的军事行动和军舰开始在地中海出现。为了保护国家主权,地中海沿岸国家纷纷要求一切军事行动应远离地中海。

黑海

世界上很多大海的名字是根据它的特征而命名的，黑海就是因为海水颜色呈灰黑色而得名。

🌐 **海洋档案**

主　　题	黑海
涉及内容	黑海概况、黑海的水质、黑海名字的由来、战略地位
特殊地位	世界上唯一的双层海

黑海概况

黑海是位于亚洲和欧洲之间的一个内陆海。黑海和地中海之间仅有一个土耳其海峡相连，黑海同样有着重要的战略地位。

黑海的水质

黑海的水质非常差，水中含氧量极低，在这样恶劣的环境下很少会有生物能存活下来。由于缺乏氧气的供给，海底的有机物也就变成了黑色。

黑海名字的由来

古希腊，人们经常用颜色表示方位。黑色代表北方，黑海也处在北方的位置。此外，由于黑海的水质非常差，加上海水污染严重导致海水看起来是灰黑色的，因此被称为黑海。

战略地位

黑海虽然水质较差，海洋生物资源也较少，但这并不影响西方各国对黑海的争夺。黑海是各国通往地中海的交通要道，正因为特殊的地理位置使它成了各国争夺之地。

知识链接

丝绸之路是起源于我国古代连接亚洲、欧洲和非洲的一条商业经济贸易的路线，黑海就是古代丝绸之路必经地。

海洋之最

德雷克海峡

我们知道地球上的最高峰为珠穆朗玛峰，它的高度有8848.86米，那么世界上最深的海峡是哪里呢？那就是德雷克海峡，它是世界上最深的海峡。

🌐 海洋档案

主　题	德雷克海峡
涉及内容	德雷克海峡概况、德雷克海峡的地理位置、世界之最、德雷克海峡上的风暴、魔鬼海峡
著名海峡	以强大的风暴出名

德雷克海峡概况

　　德雷克海峡是位于南美洲南端的海峡。德雷克海峡的最深处有5248米，是世界上最深的海峡；同时德雷克海峡也是世界上最宽的海峡，最宽处可达970千米。

德雷克海峡的地理位置

　　德雷克海峡位于南美洲的南端。海峡连接南美洲和南极洲，位置处于大西洋和太平洋的交界处，特殊的地理位置以及较高的纬度使得德雷克海峡成为风暴聚集地。

世界之最

　　德雷克海峡最深处有5248米，它是世界上最深的海峡，同时也是世界上最宽的海峡，最大宽度为970千米，海峡最窄的地方也有890千米。

德雷克海峡上的风暴

德雷克海峡位于南半球纬度较高的位置，处于大西洋与太平洋的交汇处，因此这里经常会产生风暴。海上风浪也会大于8级，海上的巨浪有时候甚至可达15米高。

魔鬼海峡

德雷克海峡常常会出现风暴，全年风力都比较大。在波涛汹涌的海面上，就算是万吨的巨轮也会显得微不足道，很少有船只能够安然渡过，德雷克海峡因此也被称为"魔鬼海峡"。

知识链接

德雷克海峡的海水中富含磷酸盐、硝酸盐和硅酸盐。这片宽广又深邃的海域非常适合海洋生物生存。

亚速海

大海在我们的印象中总是那么宽广和深邃，我们常常用深不见底来形容海洋。但是世界上有一片海最深的地方只有15米，那就是亚速海。

海洋档案

主　　题	亚速海
涉及内容	亚速海的地理位置、亚速海名字的由来、亚速海的海上运输、亚速海的气候
生物种类	鱼类80多种、无脊椎动物300多种

亚速海的地理位置

亚速海位于欧洲东部，乌克兰和俄罗斯是它的沿岸国家。亚速海的东面是俄罗斯，北面是乌克兰。亚速海的南面穿过刻赤海峡就是黑海，西面与克里米亚相邻。

亚速海名字的由来

相传1067年，钦察王子在一次城池保卫战中丢失了性命，人们为了纪念他，就将此海命名为"亚速海"。也有学者认为亚速海名字是由土耳其"地势低洼"一词翻译而来。

亚速海的海上运输

亚速海最深的水域只有15米，海上航运并不会因为水浅而受到影响。在冬季的时候，若是遇上结冰期，海上航运就需要破冰来确保安全。

亚速海的气候

亚速海的气候为温带大陆性气候。冬季的时候，亚速海海上会刮起较大的北风，来自极地的冷空气会通过寒风吹到这片海域。冬季时海面结冰期约2～3个月，温度在0℃以下。

红海

我们知道黑海的海水为灰黑色，这也是黑海名字的来源。有一海叫作红海，那么它的海水会是红色的吗？答案是否定的。

海洋档案

主 题	红海
涉及内容	红海概况、红海名字的由来、红海的地理位置、红海的含盐量、红海的海上运输
含 盐 量	含盐量在41左右

红海概况

红海是世界上盐度最高的一个海域。红海所含的盐度要比死海内的盐度更高，含盐度极高的海水使得红海和死海一样，在红海上游泳的时候也不会下沉。

红海名字的由来

红海的海水里有大量红色的珊瑚和海藻，加上红海周围有一座红色的山脉，山脉倒映在海面上，使得整片海域看起来红红的。

红海的地理位置

红海是一条狭长形的海域，位于非洲东北部和阿拉伯半岛之间。红海的地理位置非常重要，在西北方向通过苏伊士运河后与地中海相连，是一条非常重要的海上运输航线。

红海的含盐量

红海是世界上盐度最大的海域，它的含盐量比死海还要高。地质学家经过检测得出红海的盐度在41左右，它的盐度是普通海水盐度的8倍左右。

红海的海上运输

红海是一条狭长的海域，全长2100千米。红海是一条非常重要的运输石油的海上通道，连接阿拉伯海和地中海。自1869年苏伊士运河开通后，红海的海上贸易活动便从未停止。

爱琴海

提到爱琴海，大家往往联想到爱情，爱琴海带给人们浪漫的风情和联想，这片海域还是欧洲文明的摇篮。

🌏 海洋档案

| 主　题 | 爱琴海 |
| 涉及内容 | 爱琴海名字的由来、爱琴海的岛屿、爱琴海的位置、爱琴海的风景 |

爱琴海名字的由来

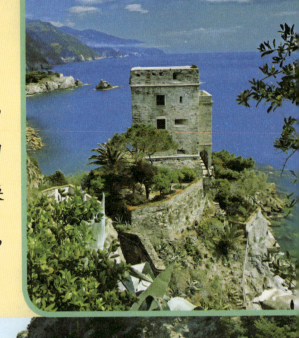

相传，一位王子在出征前与国王约定，如果胜利，在返航的时候会将黑帆换成白帆。但王子胜利后由于太过激动忘记转换船帆，国王看到黑帆后悲痛欲绝，跳海自尽，后来人们用国王的名字命名那片海。

爱琴海的岛屿

爱琴海拥有蜿蜒曲折的海岸线，它是世界上拥有岛屿最多的海，整片海域上共分布着2500多个岛屿，这些岛屿可以划分为7个群岛。

爱琴海的位置

　　爱琴海位于地中海的东部，沿海国家有希腊和土耳其。爱琴海的交通非常便利，通过陆地、海洋和航空交通工具都可以顺利到达爱琴海。

爱琴海的风景

　　每年的春夏季节是爱琴海最美丽的时候，旅游旺季为每年的4—10月。在米克诺斯岛上可以看到巨大的风车，岛上非常安静，米克诺斯岛是爱琴海最著名的度假岛屿。

加勒比海

我们在电影《加勒比海盗》中了解了关于加勒比海的相关信息,加勒比海盗非常猖狂,但加勒比海却是一处风景迷人的度假胜地。

海洋档案

主　题	加勒比海
涉及内容	加勒比海的位置、加勒比海的海盗、加勒比海概况、加勒比海的景色、加勒比海危机
沿岸国家	加勒比海的沿岸国家有20个

加勒比海的位置

加勒比海位于西半球，南美洲北部，属于大西洋海域。在加勒比海西部是墨西哥和中美洲的各个国家，北面是大安的列斯群岛和古巴等国家。

加勒比海的海盗

16世纪，国王授权海盗在这片海洋是合法的，这也使得海盗更加猖狂。加勒比海是通往南美洲的唯一通道，海盗便藏身在岛屿上对过往航船进行袭击。

加勒比海概况

加勒比海是位于大西洋的一片海域，它是世界上最大的内陆海。在加勒比海上有非常丰富的海洋资源，所以这里曾经也是海盗聚集的地方。

加勒比海的景色

　　加勒比海拥有非常丰富的海洋资源，金枪鱼和龙虾在这里产量非常高，美丽的自然景色让这里成为度假胜地。

加勒比海危机

　　在加勒比海有一种名叫蓑鲉的鱼类，这种鱼大量捕食其他鱼类，一个小时内能够吃掉20多条小鱼，严重破坏了加勒比海的生态平衡。

格陵兰岛

世界上最大的大洋是太平洋,世界上最大的海是珊瑚海,世界上面积最大的岛屿是哪个呢? 格陵兰岛就是世界上面积最大的岛屿。

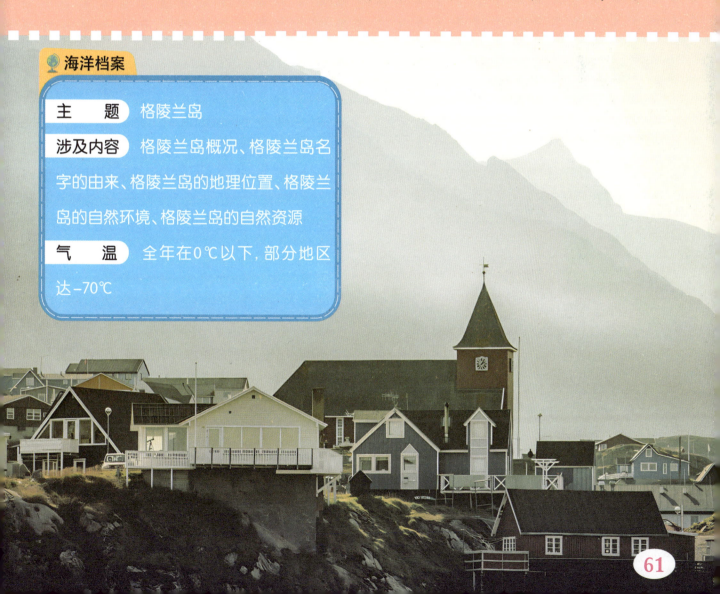

海洋档案

主　题	格陵兰岛
涉及内容	格陵兰岛概况、格陵兰岛名字的由来、格陵兰岛的地理位置、格陵兰岛的自然环境、格陵兰岛的自然资源
气　温	全年在0℃以下,部分地区达–70℃

格陵兰岛概况

格陵兰岛是北美洲丹麦王国的一个岛屿。它的面积为216.61万平方千米，是世界上最大的岛屿。

格陵兰岛名字的由来

在丹麦语中，格陵兰的意思是"绿色的土地"，也就是"Greenland"，但实际上，格陵兰岛上是一片白茫茫的冰川。相传一位冒险家在此发现过一块绿地，便给它起名为格陵兰。

格陵兰岛的地理位置

格陵兰岛位于北美洲，北面是北冰洋；南面是大西洋；西面通过海峡与加拿大相连接；东面通过丹麦海峡与冰岛隔海相望。

格陵兰岛的自然环境

格陵兰岛大约有85%的面积被厚冰覆盖，岛上拥有和南极大陆冰盖厚度相同的冰城。岛上的冰川总面积占全球冰川总面积的10%左右。

格陵兰岛的自然资源

在格陵兰岛有着非常丰富的石油和天然气等自然资源。在格陵兰岛东北部就发现了约有310亿桶石油的油田，另外还有铅、锌等矿藏。

知识链接

传说格陵兰岛是圣诞老人的故乡。格陵兰岛的地理位置非常特殊，虽然气候寒冷，但是在岛上仍有一些格陵兰人生活在这里。

里海

我们知道死海并不是一个海，而是一个湖泊。同死海一样，里海也是一个湖泊，它是世界上最大的湖泊。

海洋档案

主　题	里海
涉及内容	里海概况、里海的地理位置、里海的形状、里海的面积、里海的资源
沿岸国家	俄罗斯、阿塞拜疆、哈萨克斯坦、土库曼斯坦、伊朗

里海概况

  里海是地球上最大的湖泊，也是储水量最高的湖泊，湖水北浅南深，最深处可达1026米。

里海的地理位置

  里海地处欧洲和亚洲的交界处，它是一个内陆湖，在里海的周围有5个国家。里海被很多岛屿分隔为三个部分：南部、中部和北部。

里海的形状

  里海曾经也属于古地中海的一部分，经过长时间的变迁，古地中海变得越来越小，里海也改变了原来的面积和轮廓，变成一个南北狭长的湖泊，形状呈S形。

65

里海的面积

里海是世界上最大的湖泊，亦是最大咸水湖。如果把里海与北美洲的五大湖相比较，里海的面积甚至还要大于五大湖加起来的总面积。里海的面积在世界湖泊总面积中占到14%的比例。

里海的资源

第二次世界大战以后，里海的石油和天然气得到开发，这里拥有非常丰富的石油资源，里海的湖底也是石油的重要产区。里海属于咸水湖，这里生存的动植物与海洋生物类似，包括鲑鱼、鲟鱼、海豹等。

海洋生物

种类丰富的海洋生物

海洋是一切生命的发源地，在海洋世界里生活着多种多样的生物，包括动物、植物以及微生物等。据统计，目前海洋中已经发现约21万种生物，海洋为这些生物的生存提供了条件。

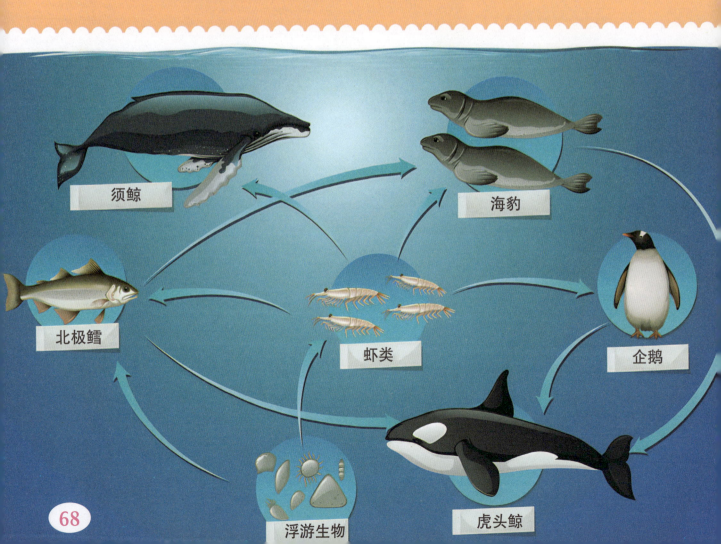

须鲸

海豹

北极鳕

虾类

企鹅

浮游生物

虎头鲸

海洋生物的种类

在浩瀚无际、深不见底的海洋中生活着无数动植物。在这些物种里有微小的单细胞生物，也有体重可达上百吨的巨型鲸。生命的食物链每天都在海洋上演。

海洋的物种有多少

生物学家曾经对海洋中的动植物进行统计，最后发现在海洋里的生物仅鱼类就有1.5万种，至于其他的生物数量更是数不胜数。想要数清楚海洋中到底有多少物种，仍需要科学家不停地探索。

科学家的探索

来自53个国家的300多位科学家组成的海洋生物普查队，希望能够把海洋里的所有生物都调查清楚。虽然时常有新发现，但都仅仅只是冰山一角，这项工作的开展十分困难。

69

科学家的发现

不少科研工作者对海洋进行了深入探索，在调研过程中，科学家对海洋生物的分布以及数量进行了探测。在对新的物种进行记录的同时，科学家同样发现一些已存在的物种也有濒临灭绝的危险。

保护海洋生物

我们在认识新的海洋生物的同时，一些稀有的物种也正在面临灭绝的危险。海洋生物学家呼吁人类除了要保护海洋生物外，更重要的是要保护好海洋环境，这样才能使更多的生物生活在安全无污染的环境中。

海洋生物的分布

地球上海洋所占面积为70.8%左右,生活在海洋里的生物也远远比陆地上的要多,海洋里的生物分布也有一定的特点。

🌐 海洋档案

主 题	海洋生物的分布
涉及内容	复杂的海底、海洋生物的分布、海底世界、深层的海洋生物
分布因素	环境、气候、地形、营养物质、动物生活习性等

复杂的海底

　　海底是拥有非常复杂的地形特点的。与陆地上的平原、高山、盆地一样，海中也有类似的地形。海底的地形，远比陆地的地形要复杂得多。

海洋生物的分布

　　在大海中有一个完整的生态系统，生态系统类型与海洋的环境有着密切的关系，每一种海洋生物都有自己的生活层次，有些生活在表层，有些生活在中层，还有些生活在深海层。

海底世界

　　深海里没有阳光，含盐量极高，海水越深水压就越大。生活在海洋深处的鱼类，除了要拥有很强的适应能力，还必须有一定的自我保护能力才行。

深层的海洋生物

　　生活在深海底层的生物为了适应这里的环境，有的能够发出亮光，有的能摄入很多的食物，但它们都有一个共同的特点，就是新陈代谢较慢，而且生长速度缓慢。

知识链接

　　海洋是地球生物的摇篮，地球上大多数生物都生活中海洋中，从微小的浮游生物到庞大的鲸，海洋生物成为重要的生物资源。

海草

海草是一种被子植物，地球上能够完全生活在海水中的被子植物只有海草这一类。海草的种类有很多，全球有70多种。

海洋档案

主　题	海草
涉及内容	古老的海草、海草的生存环境、海草的分布、海草的种类

古老的海草

　　人们对海洋的探索从未停止，但是对于常见的海草，一开始人们并没有非常重视，这是由于海草的种类比较单一，并且生活在海底。但是随着科研人员的重视，人们对海草的关注度越来越高，人们发现海草是一种非常古老的物种。

海草的生存环境

　　大多数海草会生活在浅海区域以及大洋的表层。海草的种类不同，它们生存的区域深度也有所不同。一些海草生活在几十米深的地方，有些海草生活在一两米深的海域内，我国海南岛沿岸就有一种海草，只能生活在水深为一米的海域里。大多数的海草会通过海水传播授粉。

海草的分布

世界上海草的分布主要有6个区域，分别是热带印度—太平洋区、温带北太平洋区、热带大西洋区、地中海区、温带北大西洋区和温带南大洋区。我国的海草主要分布在南海和黄渤海两个区域。

海草的种类

目前世界上已经发现70多种海草，在我国目前已有海草22种。在2014年以前，我们常常把海草称为"海藻"。

在第11次国际海草生物学研讨会上，专家才统一了"海草"的名称。

海鸟

据科学家研究表明，海鸟是一种出现在白垩纪时期的物种，这一物种的存在已有上亿年的历史。生活在海洋性气候中的海鸟，它们的生活习惯、生理运行方面都与其他鸟类有很大的差异。

🌐 海洋档案

主　　题	海鸟
涉及内容	海鸟的分类、"海上的漂流者"、海鸥——人类的朋友、不会飞的海鸟

海鸟的分类

根据海鸟生存的环境不同，可以将海鸟分为大洋性海鸟和海岸性海鸟。大洋性海鸟通常会在海洋的上空翱翔。海岸性海鸟则不喜欢飞翔，除了去海面上觅食以外，大多数时间会待在陆地的巢穴中。

"海上的漂流者"

信天翁是一种大洋性海鸟。这种鸟大多数时间都在天空中飞翔，在天空中生活已经成为它们的一种习惯。除了必要的繁殖期，它们都在空中生活，即使遇上恶劣的天气，它们也会勇敢地在大洋上翱翔。因此，信天翁被称为"海上的漂流者"。

海鸥——人类的朋友

　　我们在海边旅行的时候，最常看到的海鸟就是海鸥。你会发现这些海鸥在和人接触后并不会胆怯，相反，它们还会主动靠近人类，吃一些人类的食物。海鸥会和海上航行的轮船结伴而行，为枯燥的航行带走无聊和烦恼。

不会飞的海鸟

　　我们通常看到鸟儿自由自在地飞在天空中，海鸟则会在大海上自由地翱翔。但是有一种海鸟并不会飞，这种海鸟就是企鹅。由于企鹅的翅膀出现退化，小小的翅膀难以支撑它们飞行，所以它们只能在陆地上笨拙地行走。

79

蓝鲸

蓝鲸是目前世界上已知生存动物中体积最大的动物，最长可达34米，体重可达181吨，仅蓝鲸的鳍就达到4米。

🌐 海洋档案

主　题	蓝鲸
涉及内容	体积庞大的蓝鲸、蓝鲸的形态特征、蓝鲸的觅食、保护蓝鲸

体积庞大的蓝鲸

　　一头成年的蓝鲸体重与30头非洲象的体重相当。仅蓝鲸一条舌头就有2000千克，头骨有3000千克。如果把蓝鲸的肠子拉直，足足有200米—300米长。在蓝鲸的舌头上可以容纳50个人，蓝鲸的心脏有一辆汽车那么大。刚出生的蓝鲸宝宝就比一头成年大象还要重。

蓝鲸的形态特征

　　蓝鲸与其他鲸类不同，蓝鲸的身体看起来比较瘦长，其他鲸类看上去却显得矮壮。蓝鲸的全身呈淡蓝色或灰色，胸部有白色的斑点，背部有细碎的斑纹。

蓝鲸的觅食

　　蓝鲸最主要的食物是磷虾。蓝鲸通常生活在水质肥沃的海湾，这里有非常丰富的浮游生物，浮游生物的存在使得大群磷虾来到这里觅食。蓝鲸的胃口非常大，一次就能够吃掉200万只磷虾，如果肚子里的食物少于2000千克就会感到很饿。你不必担心蓝鲸会把磷虾吃光后饿肚子，磷虾可是全世界数量最多的动物，广泛地分布在南北极的海区。

保护蓝鲸

　　人类总是对海洋动物进行捕杀，一开始蓝鲸并不是人类捕杀的目标。随着其他鲸类被捕杀，留存的数量越来越少，人们便把目光转移到蓝鲸身上，虽然蓝鲸的体积比较大，但是人类还是对蓝鲸进行了大量的捕捉，导致蓝鲸的数量急剧减少，直到1960年，国际捕鲸委员会才开始禁止捕杀蓝鲸。

水下杀手

在神秘莫测的海底深处有非常凶猛的海洋生物，普通鱼虾在海底遨游时一个不小心就可能会成为其他动物的口中餐，但是也有一些动物会杀人于无形之中。

🌐 海洋档案

主　题	水下杀手
涉及内容	可怕的毒鲉、毒鲉的毒性、战争武器、危险的河豚、带毒的海洋生物

可怕的毒鲉

　　毒鲉被人们称为"海滩杀手"。曾经不少人在海边游玩时被这种鱼刺了一下，随后马上就会出现红肿疼痛，严重的还会导致死亡。毒鲉通常不会主动攻击人类，这些鱼会躲在海藻里，当人们去触碰海藻的时候，就会不小心被扎到。

毒鲉的毒性

　　千万不要小看毒鲉的伤害，这是一种拥有剧毒的鱼类。在它们的背鳍上有多根棘刺。它们带毒的位置是不同的，有的毒素在鱼肉中，有的则在鱼卵中，还有的在背鳍的棘刺上。如果被它刺到，就好比打了一针强毒性的针，短短十几个小时就可以致命。沿海的渔民都把这种毒性较强的毒鲉称为"毒蝎子"。

战争武器

　　毒鲉有着非常大的毒性，毒鲉可能连自己都想不到有一天它会被当作战争武器。在第二次世界大战的时候，美国及日本海军利用毒鲉对敌人进行袭击。战争中有400多名士兵被毒鲉袭击后导致死亡，也有很多士兵误食毒鲉，因此丢掉了性命。

危险的河豚

　　在日本有一种说法是冒死吃河豚。河豚是一种非常美味的食物，但是在河豚的体内充满毒素，一旦不小心吃到毒素就会中毒身亡。为什么人类要冒着风险去吃河豚呢？这是因为河豚的肉质非常鲜美。河豚体内的毒素比化学品的毒性还要大，因此贪吃的人往往可能会因吃到河豚毒素中毒而死。

带毒的海洋生物

　　海洋中的很多低等生物体内也带有剧毒。比较常见的有水母、海绵、海蜇等。有一种水母被称为"海黄蜂"，这种水母的毒性非常强，如果不小心被蜇到，在短短5分钟内就会失去生命。在海绵的身上几乎长满带刺细胞的触手，如果不小心被它蜇到，人的皮肤就会变得非常红肿，并且十分疼痛。如果不小心被海蜇的触手碰到，也可能会有窒息的危险。

知识链接

　　河豚身上的毒素并不是百害无一利的。科学家从豚鱼的毒素中提炼出名叫"新生油"的抗癌药物，这种毒素在医学研究上价值巨大。

海中之"花"

陆地上有各种各样的花，到了秋天，我们最常见的就是菊花。在物种丰富的海底世界，有一种动物被称为"海菊花"。

🌐 海洋档案

主 题	海中之"花"
涉及内容	海葵、海葵的身体、海葵的种类、海葵的寿命、海葵的行走

海葵

在西沙群岛的海域里，有一种动物和陆地上的菊花长相十分相似，它就是海葵。在海底，大量的海葵会聚集在一起，放眼望去，就好像一场菊花盛会。

海葵的身体

海葵是一种软体动物，它的身上没有骨骼，整个身体都是圆筒形状的。和菊花花瓣一样的是海葵的触手，海葵属于珊瑚虫类，海葵触手的数量为6的倍数，因此属于六射珊瑚虫类。海葵的触手就像人类的手指一样可以自由伸缩，可以用来保护自己和猎食。

海葵的种类

　　地球上，海葵的种类有上千种，不同种类的海葵高度、体形都不一样。最大的海葵高度有30cm，最小的海葵就只有5cm。有触手众多的细指海葵，也有在石缝中常见的绿侧花海葵等。

海葵的寿命

　　海葵的生命力是非常顽强的，并且是世界上寿命最长的物种，它的寿命甚至超过几百岁的海龟。有科学家对来自深海的3只海葵进行检测，发现它们的寿命都在一千年以上。

海葵的行走

　　海葵是没有脚的，它是一种没有骨骼的软体动物。海葵通过和其他海洋动物合作达到互惠互利的效果，包括双锯鱼、寄居蟹等。

知识链接

　　我国的东海地区有非常多的海葵，在每平方米的地方就生长着几百到几万只海葵。海葵一般会出现在贝壳、海底的石头等处。

水母

我们在海洋馆里常常会看到非常漂亮的水母，它们在水里轻盈地游来游去，让人感叹大自然物种的神奇。

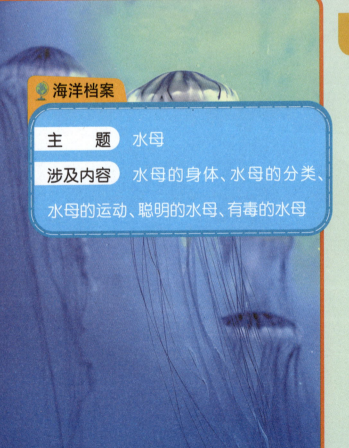

海洋档案

主　题	水母
涉及内容	水母的身体、水母的分类、水母的运动、聪明的水母、有毒的水母

水母的身体

水母身体中的主要成分就是水，它的身体由内胚层、中胶层和外胚层组成。这些构成水母身体的胚层和胶层都是透明的，而且具有漂浮作用。水母身体外观呈伞状，直径大小也有所不同，最大的水母伞体的直径有2米，在伞体的边缘还有须状的触手，有的水母漂浮的触手长度可达25米左右。

水母的分类

在世界上，水母的种类约有250种，包括立方水母纲、钵水母纲、十字水母纲。根据水母种类的不同，水母伞体的形状也有不同，包括有发银光的银水母、有像僧人帽子一样的僧帽水母、有像船帆的帆水母，还有彩霞般光芒的霞水母。

水母的运动

水母在运动的时候靠的是身体里的水，水母身体里的含水量为98%左右。水母想要移动的时候就会往外喷水，身体向外喷水同时带动自己往前走。漂亮的水母在水中轻盈地游来游去，看上去就好比一顶顶多彩美丽的小伞在水里漂流，众多水母聚集在一起游动，场面是非常美丽壮观的。

聪明的水母

　　有经验的海员会通过观察水母来提前预知暴风雨的来临。每当暴风雨来临前,聪明的水母就会朝着大海深处游去,而平时水母则会在浅海或近海自由地游来游去。海员通过这个方法可以提前做好应对准备,准确率是非常高的。水母能够提前预知风暴是依靠水母的听觉器官,它们能够听到风暴来临前空气与海浪摩擦的频率。科学家根据水母这一能力发明了模仿水母的感受器来提前预报风暴,降低了海上航行的危险。

有毒的水母

　　水母在大海中自由自在地漂浮，发光的水母更是非常漂亮，漂亮的外观也让水母有了"水中仙子"的美称。但这种看起来岁月静好的漂亮小生物却是有毒的，如果不小心被水母蜇到，皮肤就会出现红肿，而且疼痛难忍，严重的则会死亡。因此，水母只适合远观。

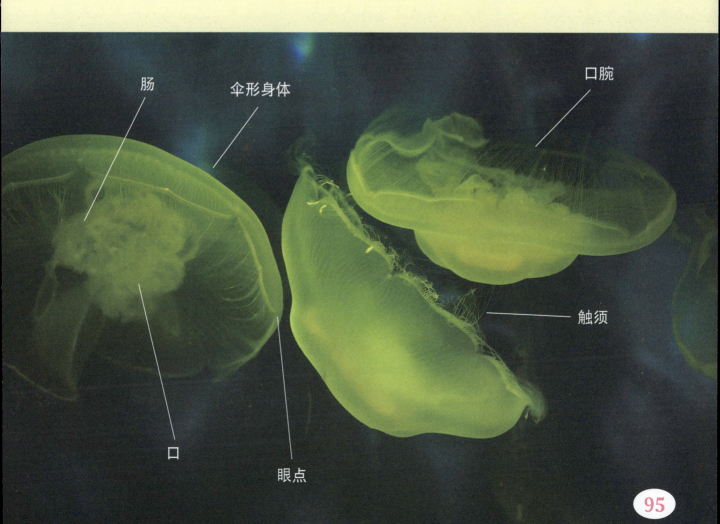

肠

伞形身体

口腔

口

眼点

触须

墨鱼

　　海洋里的各种生物都有保护自己的方法，有一种海洋生物在遇到危险的时候会从身体内喷出来墨汁，用来干扰袭击者的视线，然后迅速逃走，这就是墨鱼。

🌏 海洋档案

主　题	墨鱼
涉及内容	墨鱼的逃生方式、墨鱼的外形、墨鱼的分布、墨鱼的墨汁

背部
眼睛
嗅觉陷
触腕
头部

墨鱼的外形

墨鱼是海洋里一种与众不同的动物，墨鱼的脚是长在头顶上的，是头足类动物。在头顶上长有10条足，其中有8条足是比较短的，另外2条足比较长，能够自由地伸缩；身体前端有吸盘，用来捕食和保持身体的平衡。墨鱼的头比较圆，嘴巴长在头顶，头两侧有发达的眼睛，眼睛的下面是墨鱼的嗅觉器官。脖子比较短，头部和身体直接相连。

墨鱼的逃生方式

墨鱼在海洋内的分布是十分广泛的，在深不可测的大海中危机四伏，当遇到危险的时候，墨鱼是如何逃生的呢？危险来临的时候，墨鱼会迅速排放出黑色的墨汁，这些墨汁形状和墨鱼看起来非常相似，墨汁混淆了敌人的视线。这些墨汁中还有一定的毒素可以麻痹敌人的神经，降低敌人的攻击力，墨鱼则趁机赶紧逃走。

墨鱼的分布

在世界上的各个大洋中都分布有墨鱼。热带和温带沿岸的浅水区里分布较多，到了冬季寒冷的时候，墨鱼就会游到深层的海域里。墨鱼的活动范围比较广泛，它们既可以在浅海区，也可以到几百千米之下的深海区进行活动。我国的墨鱼种类比较多，分布在东海、福建沿海、浙江南部沿海及台湾海峡以南地区。

墨鱼的墨汁

墨鱼会通过排放出黑色墨汁来逃生，但是如果在几千米深的深海区，到处一片漆黑，墨鱼喷出黑色的墨汁又有什么作用呢？其实，墨鱼的墨汁是可以根据周围环境的不同发生改变的。在深海区，墨鱼发出的墨汁中带有一种发光的细菌，这些细菌遇到海水就会发光。敌人在黑暗中遇到强光刺眼，墨鱼便伺机逃走。

螃蟹

每年的 10 月，阳澄湖的大闸蟹就会上市。这些"横行霸道"的螃蟹吃起来是那么美味。在海洋里，螃蟹依靠自己的两只巨钳来保护自己。

🌐 海洋档案

主　题	螃蟹
涉及内容	螃蟹的种类、螃蟹的繁殖、螃蟹的自我保护、螃蟹的养殖

螯爪

螯足

眼睛

口

背甲

步足

螃蟹的种类

在海洋里，螃蟹的种类繁多。不同种类的螃蟹，它们的身形大小也有所区别。身形最长的是蜘蛛蟹，它的蟹腿完全伸开长度有1.5米。身形最小的螃蟹为豆蟹，它的身长只有6毫米。

螃蟹的繁殖

通常来说螃蟹会在每年的12月至次年的3月进行产卵。温度适宜的春季是螃蟹产卵的主要季节。每当螃蟹产卵的时候会从水里爬到岸上。螃蟹的繁殖能力很强，每次产卵数量是非常多的，有的时候甚至可以达到几百万颗。

螃蟹的自我保护

  在险象环生的大海里，有各种各样凶猛的海洋动物。螃蟹通常生活在浅海区，当遇到危险的时候，它们通常会用两只大钳子来保护自己。遇到难以掌控的危险时，它们会"自断臂膀"，第一时间将肢体挣扎断，然后迅速逃走。不用担心螃蟹从此会少一条腿，这些被它们挣断的腿还会再慢慢长出来。这是因为螃蟹的肢体内有一种可以将神经和血管封闭住的薄膜，使它们遇到危险时能够轻松挣断。

螃蟹的养殖

螃蟹是人类餐桌上非常美味的食物,人类对螃蟹的养殖也越来越多。养殖螃蟹需要选择合适的养殖地,需要满足水质好、水源充足、排水方便、透气性好等条件。另外,选择好的蟹苗也是高产的关键。

知识链接

我们常常用"横行霸道"来形容螃蟹。螃蟹横行的原因和它的身体构造有关。螃蟹的身体属于扁平状,脚在身体两侧,前面的足关节只能向下弯曲,膝盖不能向后弯,所以只能横着行走。

海洋资源

石油

我们现在的科技发展离不开石油这一资源。无论是工业生产中，还是在我们的日常生活中，石油都有着非常重要的作用，可以说我们的生活离不开石油。

海洋档案

主　题	石油
涉及内容	海洋中的石油、石油钻井、石油开采、中国的石油分布

海洋中的石油

　　大海带给人类的资源不只是海洋中的渔产品，在大海深处还有非常丰富的石油资源。随着现代工业的不断发展，人们对石油的需求越来越多，美国首先对石油进行海上开采，随后各国也都开始对海洋石油进行开采，我国在海上石油开采工作中也取得了一定成绩。

石油钻井

　　石油钻井在石油勘探及油田开发的过程中起着至关重要的作用。例如寻找证实含油气构造、获得工业油流、探明证实含油气面积及储量、取得油田开发数据和地质资料等，这些环节都离不开钻井的帮助。

石油开采

　　最初，人们用原始的提捞方式开采石油，像用吊桶在井中提水一般把石油从油井中取上来。但这种方法比较受局限，只能开采产量低、油层浅、压力小的油井。随着工业的发展，越来越多埋在深层的油田被人类发现，自喷采油和人工举升采油的方法替代了提捞开采的方法。自喷采油是用钻井下入钢管连到油层后，石油就会像喷泉一样冒出来，通常适合石油开发初期。随后人类采用气举法、抽油法进行石油开采。

中国的石油分布

  在我国960万平方千米国土上拥有着非常多的自然资源,石油的存储量也非常大。我国有30多个大型海底沉积盆,包括127万平方千米的油气储量。在我国的南海、渤海、黄海北部的海盆中都有大量的石油存储。在我国的南沙群岛也有大量的石油和天然气等资源,其中石油储量就多达350亿吨。

海中粮仓

地球上，海洋所占面积达到70.8%左右，海洋带给人类的资源非常丰富，不仅有矿产资源，还有丰富的自然资源。

🌏 海洋档案

主　题	海中粮仓
涉及内容	物产丰富的浅海、建立渔场、海水淡化

物产丰富的浅海

　　与深海区相比，浅海区生长着大量茂盛的海草，吸引了大量的鱼类前来觅食。在对海洋进行研究的同时，科学家提出一个假设，用海草来养殖鱼类、虾类、蟹类等海洋生物，再利用食物链的关系，逐级获取更多海产品。科学家做了一个实验，把深海区的水调到浅海区供海草吸收营养，用海草饲养小虾，用小虾饲养小鱼，用小鱼饲养大鱼，如此逐级往上，人们就可以获得各种各样的海产品。很显然，实验结果是成功的。

建立渔场

为了得到更丰富的渔产品,人类在浅海区建立了渔场。浅海区有着非常丰富的海草,这些海草为鱼类提供了丰富的营养物质。近海区的海草受到阳光照射后产生光合作用,海草里也有大量的磷、硅等营养物质,鱼类在食用浅海区的海草后便会迅速生长,并且有着鲜美的肉质。人类根据海洋生物的食物链关系,收获了大量的渔产品。

海水淡化

海洋可以给人类提供大量含有蛋白质的食物,从海水中人类还可以提取淡水资源。海水是非常宝贵的水资源,海水淡化能够有效解决沿海地区淡水资源缺乏的问题。

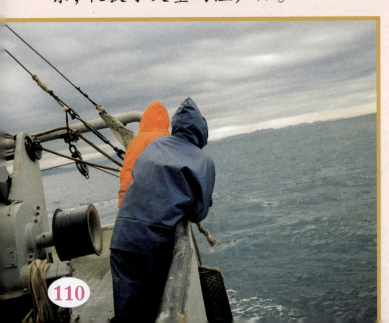

大药库

海洋里有物种繁多的海洋生物，其中海参、牡蛎都是非常美味的食物，从这些海洋生物体内可以提取对抗人类疾病的物质，在浩瀚的大海中，很多生物在医学研究上发挥了重要作用。

🌐 海洋档案

主 题	大药库
涉及内容	海参的药用价值、珊瑚礁的药用价值、牡蛎的药用价值

海参的药用价值

　　海参是一种圆筒状的无脊椎动物。它含有丰富的蛋白质、氨基酸、维生素以及人体所需的微量元素。氨基酸为合成蛋白质提供基础，蛋白质是人类生命活动的基础。海参中有18种氨基酸，蛋白质含量在80%以上。海参还具有非常高的药用价值，具有提高免疫力、抗氧化、抑制肿瘤的功效。

珊瑚礁的药用价值

　　鲜艳美丽的珊瑚礁不仅给人带来视觉上的享受，从珊瑚礁中还可以提取对人类有益的物质。在一些治疗关节炎和哮喘病的药物成分里可以看到珊瑚礁的名字，珊瑚礁里还有一种可以抑制癌细胞扩散的毒素。医学科研人员从夏威夷岛上一种珊瑚体内提取剧毒元素，对毒素进行提炼后，发现可用于白血病的治疗。

牡蛎的药用价值

　　目前,世界上养殖贝类规模最大的就是牡蛎,牡蛎是被人类广泛利用的海洋生物。牡蛎不仅可以是餐桌上肉质鲜美、营养丰富的美食,也可以是医学领域中药用价值极高、保健功能极强的药材。牡蛎中有着含量极高的锌元素,有降血压、治疗身体虚弱、滋阴壮阳的功效。牡蛎体内含有抑制肿瘤发展的抗生素。总之,牡蛎是一种营养价值和药用价值极高的海洋生物。